Raquel

RAQUEL ERA UMA JOVEM MUITO MEIGA E BELA. FILHA MAIS NOVA DE LABÃO, CUIDAVA DO REBANHO DE OVELHAS DE SEU PAI.

JACÓ, FILHO DE ISAQUE, ESTAVA VIAJANDO
PELAS TERRAS DE HARÃ, PROCURANDO
POR SEU TIO LABÃO.
CHEGOU ATÉ UM POÇO ONDE PASTORES
DAVAM ÁGUA PARA AS OVELHAS.

JACÓ PERGUNTOU AOS PASTORES:
– VOCÊS CONHECEM LABÃO, FILHO DE NAOR?
ELES DISSERAM:
– SIM. A FILHA DELE, RAQUEL, ESTÁ VINDO.
ELA VAI DAR ÁGUA PARA AS OVELHAS.

QUANDO JACÓ VIU RAQUEL,
APAIXONOU-SE
POR AQUELA JOVEM.
ELA SE APROXIMOU, E JACÓ,
PRONTAMENTE, REMOVEU A
PEDRA DA BOCA DO POÇO
E AJUDOU-A A DAR ÁGUA
PARA AS OVELHAS.

DEPOIS, JACÓ CHEGOU BEM PERTO DE
RAQUEL, LHE DEU UM BEIJO NO ROSTO
E SE APRESENTOU A ELA.
RAQUEL CORREU PARA CONTAR AO SEU PAI.
JACÓ, ENTÃO, FOI FALAR COM LABÃO,
CONTOU-LHE QUE ERA SEU
PARENTE E PEDIU TRABALHO.
LABÃO ACEITOU.

JACÓ TAMBÉM PEDIU A LABÃO PERMISSÃO PARA SE CASAR COM RAQUEL. ENTÃO, TRABALHOU PARA LABÃO POR SETE ANOS, PRAZO QUE FOI COLOCADO COMO CONDIÇÃO PARA O CASAMENTO.

QUANDO SE CASOU COM RAQUEL, JACÓ SENTIU-SE MUITO FELIZ. ELE AMAVA AQUELA JOVEM, E ELA ERA, AGORA, SUA ESPOSA.